AF305485

1900 - Février - 21

CATALOGUE

D'ESTAMPES

ANCIENNES & MODERNES

principalement des Écoles Française & Anglaise

du XVIIIe siècle

DESSINS ANCIENS & MODERNES

LIVRES

Dont la vente aux enchères publiques aura lieu

HOTEL DES COMMISSAIRES-PRISEURS, Rue Drouot, n° 9.

SALLE N° 2

LE MERCREDI 21 FÉVRIER 1900

à 2 heures précises

PAR LE MINISTÈRE DE :

Me MAURICE DELESTRE, Commissaire-Priseur

5, Rue St-Georges.

Assisté de M. Loys DELTEIL, artiste graveur, expert

67, Rue Ste-Anne.

PARIS 1900

CATALOGUE

D'ESTAMPES

ANCIENNES & MODERNES

principalement des Écoles Française & Anglaise

du XVIIIe siècle

DESSINS ANCIENS & MODERNES

LIVRES

Dont la vente aux enchères publiques aura lieu

HOTEL DES COMMISSAIRES-PRISEURS, Rue Drouot, no 9.

SALLE No 8

LE MERCREDI 21 FÉVRIER 1900

à 2 heures précises

PAR LE MINISTÈRE DE :

Me MAURICE DELESTRE. Commissaire-Priseur
5, Rue St-Georges.

Assisté de M. LOYS DELTEIL, artiste graveur, expert
67, Rue Ste-Anne.

PARIS 1900

CONDITIONS DE LA VENTE

Elle sera faite au comptant.

Lee acquéreurs paieront *cinq pour cent* en sus des adjudications.

M. Loys Delteil, chargé de la vente, remplira les commissions que voudront bien lui confier les personnes ne pouvant y assister.

MM. les amateurs pourront visiter la collection, *67, Rue Ste-Anne, du Vendredi 16 Février au Mardi 20 inclus, de 9 h. à 3 h.*

DÉSIGNATION

ESTAMPES

Adresses et Curiosités

1 — *Mr Momus de Venise, Md de Masques à Paris. Toupet, Perruquier. — Au louis d'Or, Le Coursonnois, orfèvre. — Almanachs 1835, H. Gache, éditeur.* Billets de Bal, — Menus, etc. Trente-deux pl. anciennes et modernes.

Almanachs

2 — Panneaux ornés pour les Mois de l'Année. Suite de 12 pièces, sur 6 pl., par C. et J. Audran. Très belles épreuves.

3 — *Étrennes françaises dédiées à la Ville de Paris pour l'année jubilaire du règne de Louis le Bien-Aimé,* par l'Abbé de Petity. --- *Paris, P. G. Simon 1766,* plaquette in-4 contenant 2 pl., armoiries et 6 vignettes allégoriques de G. de St-Aubin et Gravelot. Bel exempl.

4 — *Almanach des Revolutions... fur das Jahr 1794.* Petit almanach de la Cour de France, 1813. Deux vol. in-18. avec fig. dans leur étui, rel. mar. r.

5 — Petites figures d'Amours. Deux planches in-8 pour un Almanach de l'époque du 1er Empire. Très belles et rares épreuves avant toutes lettres,

Amérique (Estampes sur l')

6 — Vue Generalle de la Ville de Havanne. — Arrivée des François à l'Isle de la Désirade. Deux pièces, coloriées.

Appiani (d'après)

7 — Buonaparte. 1er Consul, en pied. par Ambroise Le Grand. In-fol. Belle épreuve, coloriée.

Aubry (Charles) et Lœillot (K.)

8 — Esquisses historiques des différents Corps qui composent l'Armée Française, frontispice et 16 lith., in-fol. en un album cart.

Ballons (Estampes sur les)

9 — Vue générale de Lyon, avec la Machine aérostatique le Flesselles, 19 janvier 1784. — *Luftreise des Herrn Blanchards zu Nurnberg Anno 1787.* Deux pièces. Très belles épreuves.

Baudouin (d'après P. A.)

10 — Le Chemin de la Fortune, par Voyez l'aîné (E. B. 14). Belle épreuve sans marges sur trois côtés.

11 — Le Désir amoureux, par Mixelle (19). Très belle épreuve du 2e état, avec les colombes, impr., en couleurs, remmargée.

12 — Le Matin, par E. De Ghendt (E. B. 32). Belle épreuve du 2e état, avant les retouches.

13 — Le Soir, par E. De Ghendt (46). Très belle épr.

Bella (Stefano della)

14 — La perspective du Pont-Neuf de Paris. Très belle épr.

Berey

15 — *Suite de tous les Dauphins de France depuis..... 1343 jusqu'à Louis, petit-fils de Louis le Grand, à présent Dauphin 1711.* In-fol. Très belle épreuve. Rare.

Boîtes (dessus de)

16 — Sujets gracieux. Douze pièces. Belles épreuves.

Boizot (d'après)

17 — La République. — La Nature. Deux p., ovales, par Massol et Gautier. Belles épreuves impr., en couleurs, toutes marges.

Bosse (Abraham)

18 — *L'Ordre et Disposition du Marcher de Mrs les Chevalliers (du St-Esprit) lorsqu'ilz furent creez à Fontainebleau le 14 May 1633.* Très belle épreuve.

Bouchardon (d'après E.)

19 .— Études prises dans le bas Peuple ou les Cris de
Paris, 1737. Vingt-et-une pièces gravées par le Cte de
Caylus. Très belles épreuves.

Boucher (d'après F.)

20 — Les Cris de Paris. Suite de douze pièces, par Le Bas,
et Ravenet. Très belles épreuves.

Bowyer (à Londres chez R.)

21 — Waterloo. — Grand Entry of the Allied Sovereings
into Paris, 1815. Deux pièces. Superbes épreuves,
coloriées.

Brown (d'après M.)

22 — *Mr Holman and Miss Brunton in the Charac-
ters of Romeo and Juliet*, par T. Park, 1787. Grand
in-fol., impr., en couleurs.

Callot et Della Bella

23 — Sujets divers et Paysages. Trois-cent soixante pièces,
originaux et copies.

Caricatures et Scènes de Mœurs

24 — Les vrais Diables. — L'Amour du Temps passé et du
Temps présent. — Le Grimacier de Tivoli. — La Presse
Anglaise ou l'Enrôlement Forcé. — La Mariéa du pays
de Caux. — Concert d'Amateurs, etc. Vingt-deux p.,
in-4., publiées chez Martinet et Noel. Belles épreuves a
grandes marges.

Chardin (d'après J. B. S.)

24bis — Le Garçon cabaretier (E.B. 22). Très belle et rare épr.
du 1er état.

25 — La Pourvoyeuse, par Lépicié (E. B. 45), Très belle
épreuve du 1er tirage.

26 — La Ratisseuse. Pièce anonyme. (E.B. 46 B) Belle épr.

Chassériau (Théodore)

27 — Othello, quinze esquisses à l'eau forte, 1844. Quinze p., in-fol., sur chine dans la couverture de publication. Rare.

Chemins de Fer (Estampes sur les)

28 — Travelling on the Liverpool and Manchester railway, 1833. In-fol. en largeur Très belle épreuve, coloriée. Rare.

Costumes

29 — Le Bon Genre, n° 18. (Les Ennuyées de Longchamp). Belle épreuve coloriée.

30 — Costumes de cavaliers Russes. Dix pl., par Alix et Jazet, d'après Sauerveid. Très belles épreuves, coloriées.

31 — Costumes de Femmes de Paris : Petite Bourgeoise, Blanchisseuse, Brodeuse, etc., 12 pl. — Femmes Normandes, 5 pl. En tout dix-sept pièces coloriées. par Gatine.

32 — *Picturesque representations of the Dress and manners of the Chinese*, texte et 50 planches en couleurs. — 1 vol., petit 14, cart. *(London, J. Murray 1814)*.

Crepy (à Paris chez)

33 — Le Curieux. In-fol., anonyme. Très belle épreuve, imp., en bistre. Rare.

Debucourt (P. L.)

34 — La Rose mal défendue (M. Fenaille 27). Belle épreuve avec l'adresse de Depeuille.

35 — La Bénédiction paternelle ou le départ de la Mariée (M. 50). Très belle épreuve avec deux très légères restaurations.

36 — La Manie de la Danse, 1809 (M. F. 210). Bonne épreuve, en couleurs, sans marges sur trois côtés et remontée.

37 — Feu d'Artifice à l'Arc de Triomphe de l'Étoile, le 2 avril 1810 (M. F. 222). Belle épreuve, coloriée.

38 — Louis XVIII, d'après J. B. Isabey (M. F. 326). Très belle épreuve du 3e état, portant le cachet d'Isabey.

39 — Le Cosaque galant, d'après C. Vernet. Très belle épreuve, coloriée.

Descourtis (C. M.)

40 — Vue de la porte St-Bernard, prise venant de l'Hôpital, d'apr. De Machy. Belle épr., impr., en couleurs.

Desprez (d'après I. L.)

41 — Indulgences plénières. — Promotion médicale. Deux grandes pièces satyriques, par J. F. Martin. Très belles épreuves impr,, en bistre. Rares.

Desrais (C. L.)

42 — Le Serin Chery. In-8. Très belle épreuve, coloriée. Rare.

Desrais et Rousseau (d'après)

43 — La douce comparaison. — Le Bonheur interrompu. Deux p., in-fol,, faisant pendants, par Pomel. Très belles épreuves impr., en couleurs.

Dutailly (d'après)

44 — La Promenade du Matin. par Chaponnier. In-fol. Belle épreuve, marges.

École Française (XVIIIe Siècle)

45 — Les Baigneuses épiées. — Le Bain. — La Résistance. Méfiez-vous Philis... — Le recouser de Fayance. — La Savoyarde. — Femme jouant de la Guitare. — Buste de jeune Homme. — M. de Pourceaugnac. Neuf pièces, par Nicollet, Mme Lefort et autres, d'après Raoux, Duménil, Lemoyne, etc. Belles épreuves, deux avant la lettre.

46 — Réception de Voltaire aux Champs-Elysées, par Henri IV. — Vulcain forgeant des armes pour Énée. — Pélérinage à St Nicolas. — Sujets gracieux. Dix p., in-8, et in-fol., par Macret, Henriquez et autres, une avant toutes lettres.

47 — L'Épouse indiscrète — L'Enlèvement nocturne — Le Verrou. — L'Essai du Corset. — Contes de La Fontaine, etc. Treize p., in-fol., d'ap. Baudouin, Lavreince, Fragonard, réimpressions et planches retouchées.

Écoles Française et Anglaise

48 — Le Ruisseau traversé. — Roland apprend la perfidie d'Angélique. — Le Père de Famille. — Le Diner interrompu. — La Toilette. — Ah ! le bon Décret et pendant. Sept p., d'apr. Schall, Coypel, Greuze, etc., deux impr., en couleurs.

Éventail

49 — Les Cinq Sens de nature et les Quatre Saisons. figures dans des médaillons et motifs pour un éventail de l'époque du Directoire. Curieux et tres rare.

Fragonard (d'après H.)

50 — La Coquette fixée, par Couché et Dambrun. Très belle et rare épreuve impr., en couleurs, marges.

Frédéric (J. A.)

51 — *État nouveau de l'Armée Anglaise comme elle se trouue effectivement l'année 1760,* surmontée d'une vignette. Belle epreuve d'une pièce curieuse et très rare.

Fredou (J. M.)

52 — Source des Grâces. Très belle épr. Rare.

Freudeberg (d'après S.)

53 — La Matinée, par Bosse. Bonne épreuve.

Garnerey

54 — Vue du Port de Cherbourg, prise e l'entré du vieux Port. In-fol. Très belle épr., imp., e couleurs.

Gérard (d'après M¹)

55 — Le Présent. — Je m'occupais de vous. Deux p., in-fol., par G. Vidal. Belles épreuves.

Goya (F.)

56 — Portrait de l'artiste, par Loizelet, et planches de la Tauromachie. Huit p. Très belles épreuves de la réimpression.

Huet (d'après J. B.)?

57 — L'Espoir d'un Heureux jour. Pièce in-4, gravée au lavis. Très belle épreuve, sans nom d'artiste.

Janinet (J. F.)

58 — Les Trois Grâces, d'apr. Pellegrini. Belle épreuve impr., en couleurs.

Janinet, Bonnet et Alix.

59 — Henri IV. — Mlle Vanloo. — Diderot. — Helvétius. Quatre p., d'après F. Pourbus, M. et C. Vanloo. Tres belles épreuves, trois impr., en couleurs, marges.

Jardins (Estampes sur les)

60 — 4e, 5e et 7e cahiers de jardins anglais, par Panseron. Dix-huit pièces in-4. Belles épreuves.

Jazet (Alexandre)

61 — Les Enfants de Paris devant Witepsk, d'apr. H. Vernet. Grand in-fol. Belle épreuve.

Jeaurat (d'après E.)

62 — Le Mari jaloux. — L'Éplucheuse de salade. — L'Air. Trois p., par Baléchou, Beauvarlet et Marlié-Lépicie. Belles épreuves.

Jeux (Estampes sur les)

63 — Le Jeu des Princes de l'Empire d'Allemagne, 1677.
Les Tables de Géographie, réduites en un jeu de cartes,
1677. Deux pl., in-fol., rares.

64 — Jeu de la Révolution Française. Très belle épreuve
coloriée. Très rare.

65 — Les Règles du jeu de la Constitution, sur l'air du
Branle de Metz. Très belle épreuve d'une pièce, fort rare.

66 — Nouveau Jeu des Costumes des Dames françaises,
par un adorateur du Beau Sexe. Très belle épreuve
d'une pièce rare et curieuse.

67 — Jeu des Monuments de Paris (à Paris chez Basset).
Belle épreuve. Rare.

68 — Nouveau Jeu bruiant des Cris de Paris, de ses fau-
bourgs et environs. In-fol. Très belle épreuve. Rare.

69 — Jeu de Cartes instructives (Musique, Botanique, Histoire naturelle, etc). Six jeux.

La Fontaine (Estampes pour les Contes)

70 — La Gageure des trois Commères — Le Cocu battu et
content. — Le Paté d'anguilles, etc. Sept p., in-4, d'après
Fragonard, Touzé et Mallet, par Patas, Trière et autres.
Belles épreuves.

Lancret (d'après N.)

71 — Sallé (Mlle), par N. de Larmessin (E. B. 71). Très
belle épreuve.

Lavreince (d'après N.)

72 — Le Billet doux, par N. De Launay (E. B. 10). Très
belle épreuve, sans marges.

73 — Les trois Sœurs au Parc de St Cloud, par J. B. Chapuy. Epreuve imp., en couleurs, doublée, restaurée et
remargée.

74 — La Marchande à la Toilette, par Vidal (38). Belle
épreuve, rognée.

75 — Les Nymphes scrupuleuses, par Vidal (42). Belle
épreuve.

Le Barbier aîné (d'après/

76 — La mort du général Marceau, par Ingouf. In-fol. Belle
épreuve.

77 — La Prudence en défaut. par Patas. Belle épreuve.

Le Clerc (Sébastien)

78 — Le May des Gobelins. Belle épreuve.

Le Gendre (d'après)

79 — Plan général de la ville de Reims, 1769, très grande
pièce collée sur toile et contenant outre le plan, 26 vues
de la ville, par Massard.

Le Paon (d'après)

80 — Revue de la Maison du Roi au trou d'Enfer, par J. P.
Le Bas. Belle épreuve à toutes marges.

Mathonière (Michel de)

81 — *Pompe funèbre faite a S, Denis..... le mardi
19 May 1643, à la reception du corps.. de Louis de
Bourbon XIII du nom.....* Curieuse et fort rare gra-
vure sur bois, accompagnée d'une légende.

Meissonier (d'après E.)

82 — Le Liseur. par P. Rajon. In-8. Très belle épreuve
d'artiste, signée.

Millet (d'après J. F.)

83 — L'Angelus, par F. Jacque. Grand in-fol. Deux très
belles épreuves d'artiste. avec *remarque*, sur parchemin
et japon.

84 — Les Premiers pas. — Les Voyageurs égarés, par F. Jacque. Quatre très belles épreuves d'artiste, sur parchemin, avec *remarque*. In-fol.

Moreau le jeune (d'après J. M.)

85 — Dernières paroles de J.J. Rousseau, par H. Guttenberg. In-fol. Belle épreuve.

86 — J'en accepte l'heureux Présage, par Trière. Belle épr., avec les lettres A.P.D.R., sans marge dans le haut.

87 — Le Seigneur chez son Fermier, par Delignon. Belle épreuve.

88 — La grande Toilette, par A. Romanet. Belle épreuve.

89 — J'en accepte l'heureux présage — N'ayez pas peur — Les Précautions — Les petits Parrains — L'Accord parfait — Le Rendez-vous pour Marly. Six pièces. Très belles épreuves, des réductions.

Morland (d'après G,)

90 — Les Noisettes, par Mixelle. In-fol. Belle épreuve imp. en couleurs.

Morton (d'après G.)

91 — *The new steam Carriage*, par Pyall. Très belle épr. coloriée.

Ornements

92 — BELLA (della) et PILLEMENT. Fleurs et Vases de Fleurs. Deux cahiers de 6 p., soit ensemble 12 pl. Belles épr.

93 — DENEUFFORGE. Décorations d'Appartements. Dix-neuf pièces. Belles épreuves.

Paris (Estampes sur)

94 — Panorama de Paris. Grande estampe en largeur publiée par Jérémie Wolff. Très belle épreuve. Rare.

95 — *Plan de la Ville, Cité Université et Fauxbourgs
de Paris comme il est aujourd'hui...* (1694). In-fol..
Rare.

96 — Vue de la Ville de Paris, prise de la Lanterne Napoléon, par Klein, d'apr. Runk. In-fol. Très belle épr.
coloriée.

97 — Panorama de Paris pris de la Coupole du Palais de
l'Institut, par Salathé en 2 pl. in-fol. en largeur. Très
belles épreuves. Rare.

98 — Histoire et description du Palais de Justice, de la
Conciergerie et de la Ste-Chapelle — Paris, Engelman
1825, texte et dix-sept lith., par Schmit, dans la couv.
de publication.

Perrissin et Tortorel

99 — Le Massacre de Tours — Le Massacre de Cahors —
Anne du Bourg brulé — Bataille de St-Denis — Le Duc
de Guise blessé à mort — La Mort de Henri II — L'Exécution d'Amboise, etc. Treize pièces in-fol. gravées sur
bois. Très belles épreuves.

100 — L'Exécution de Poltrot de Méré — L'Entreprise
d'Amboise — Orléans assiégé — Henri II blessé à mort
La Surprise de Nîmes — Poitiers assiégé Bataille de
Dreux — Colloque de Poissy — Massacre de Sens —
La Mercuriale tenue aux Augustins, etc. Vingt-deux
pièces in-fol., gravées à l'eau-forte. Très belles épr.

Pièces historiques

101 — Feu de la Ville (Paris) pour le Mariage de Mme ^{1ere}
avec l'Infant Dom Philippe, 1739. — Décoration du
Feu d'artifice élevé près l'Hôtel-de-Ville de Paris, à l'oc-
casion de la naissance du Dauphin (21 janvier 1792).
Deux p., Très belles épreuves, la 2eme coloriée.

102 — Fête du Couronnement de Guillaume 1er, comme roi
des Belges, (1815) ? d'après Leroy. In-fol. Belle épreuve
avant la lettre, coloriée.

103 — Louis XIV environné des attributs de la Guerre. —
Rue Quincampoix (relative à Law). — Assemblée des
Etats de Bretagne. — Redition de lord Cornwallis. —
General Vandamme in Sibirien. — Napoleon in der
Schlacht bei Esslingen. — Chambre des Députés de 1823
Sept pièces.

104 — Mort du Capitaine Cook — Vue de l'Ile Huaheim —
Vues de l'Incendie de laVille et de la Plaine du Cap Français. Quatre p., grand in-fol., par Piringer et Chapuy,
deux impr., en couleurs.

Portraits

105 — Portrait de Louis XIV entouré de figures allégoriques
et surmontant une thèse, grande estampe en.2 pl., d'ap.
Ch. Le Brun, par F. Poilly.

106 — Bourgogne (duc de), par A. de St Aubin. — Béranger
(P.J. de), par S.W. Reynolds d'apr. A. Scheffer. Deux
très belles épr., avant la lettre, toutes marges. On y a joint
une épr,, avec l.l., du Béranger. En tout trois pièces.

107 — Metezeau (Cl.), par Lasne. — Laubespine (C. de) —
Albans (D^{chesse} de St), par Smith, — Tour du Pin (de La)
par Bouquet. — Cobourg (P^{ce} et P^{cesse} de), 1817. —
Les frères Lyonnet, etc. Onze p. Belles épreuves, une
impr., en couleurs.

108 — Du Chatelet (M^{ise}), par Haïd, d'après Nattier. —
Raucourt (Mlle de), de la Comédie Française, (chez Crepy)
— Henri IV. — A la Mémoire de Louis XVI. — Le Roi
de Rome — Eisen (Ch.), par E. Ficquet — Napoléon 1er
— Jacquemart (J.) etc. Dix-sept p. Belles épreuves,
quatre avant la lettre.

109 — Les Illustres Français ou Tableaux historiques des
grands Hommes de la France, titre gravé et 30 pl., par
N. Ponce d'après Marillier. Belles épreuves.

110 — Les Pourtraits des Souverains, Princes et Comtes de
Hollande, titre et trente-sept portraits par Corneille
Meyssens, 1662. Très belles épreuves.

111 — Henri IV, roi de France — Philippe II et Philippe III,
rois d'Espagne — Les Médicis — Ducs d'Alençon, de
Bourbon — Prince de Condé, etc. Soixante-neuf p., par
D. Custos. Très belles épreuves plusieurs doubles.

112 — La Fontaine (J. de) — Descartes — Malherbe —
Ménage — Vincent-de-Paul — Pascal, etc. Frontispice
et soixante-douze p., pour les Hommes Illustres, de
Perrault. Belles épreuves.

113 — Houasse (R.A.), par Trouvain — Catinat et L. A. de
Noailles, par Vermeulen — Tencin, par Wille — L A.de
Thou, par Gunst — J.C. Scaliger, Pic de la Mirandole,
Cl. Marot, G. Budé, par R, Boissard, Louis XIV —
Turenne, par P. de Jode — Malebranche, par François.
Éléonore d'Autriche, par Th. de Leu. — Descartes,
Rousseau, par Ficquet, etc. Soixante-quinze p. Belles
épreuves. Ce n° pourra être divisé.

114 — Portraits anciens et modernes. Cent pièces.

Pujos (d'après A.)

115 — Beaumenil (Hte Aide), de l'Académie Rle de Musique,
par Vidal. Superbe épreuve à grandes marges.

Raffet (A.)

116 — Retraite de Constantine (H.G.536-542). Suite complète de six lithographies et un frontispice. Superbes ép.
du 1er tirage, sur chine, les marges légèrement piquées.

117 — Prise de Constantine (H,G.543-556). Suite complète
de douze pièces et un frontispice, à laquelle on a joint la
Première pensée de la pl. 1, très rare. Superbes épr.
du 1er tirage, sur chine, les marges légèrement piquées
En tout quatorze pièces.

Révolution (Estampes relatives à la)

118 — Démolition du Château de la Bastille — Deuxième
conciliabule des Vénérables Pères Communicants.... —
Vue du Champ-de-Mars le 20 Prairial an 2e — Tableau
allégorique de la France horriblement dévastée.. Quatre
p., in-4 et in-fol. Belles épreuves, deux coloriées.

Reynolds (d'après sir Josua)

119 — The Honoble Mrs Barrington, par R. Houston. Très
belle épreuve à grandes marges.

120 — Miss Fordyce jouant de la guitare, par Phil. Corbutt
Très belle épreuve à toutes marges.

Ridinger (J. E.)

121 — Portrait équestre de Pierre Frédéric, fils du Grand-
Duc de Russie. Très belle épreuve.

Rops (Félicien)

122 — La Petite Liseuse. Très belle épreuve sur japon, avec un *croquis* à la plume, rehaussé d'aquarelle : Mme *Mazeppa !*

Rugendas (J.L.)

123 — Les Obsèques de Napoléon à l'Isle de St Hélène, le 5eme May 1821. In-fol. Très belle épreuve coloriée. Fort rare.

Saint-Aubin (d'après Aug. de)

124 — Tableau des Portraits à la Mode, par P.F. Courtois (E.B. 378). Très belle épreuve, petites marges.

Sergent (A.F.)

125 — Vue du Champ de la Fédération, le 14 Juillet 1790. Belle épreuve impr., en couleurs.

126 — Vue du Palais-Royal prise du côté du Méridien, d'après Maréchal. In-4. Très belle épreuve impr., en bistre, marges.

Suisse (Vues de)

127 — Chute d'eau près St Saphorin — Château de Chillon — Chûte de l'Arve — Vallée de Chamouny près Argentière — Yverdon — St Maurice — Porte de Saxe — Brand. Huit p., in-4 et in-fol. par C. Hackert, Aberli, Apostol. Très belles épreuves lavées d'aquarelle.

Tassaert (J.J.F.)

128 — Corday (Charlotte). d'après Hauer. Belle épreuve avec la tablette blanche.

Tiepolo (J.B.)

129 — *Vari Capricy,* 1785. Titre et 10 pl., à l'eau-forte. Très belles épreuves.

Vélocipèdes (Estampes sur les)

130 — *Say's the King of the Radicals " Huat not the Soldiers" Aetat 28,* 1821. In-fol., colorié. Très rare.

131 — *The march of Intellect.* In-fol. Belle épreuve, coloriée. Rare.

Vernet (d'après Joseph)

132 — Port de Bayonne, 2 vues. — Port de Bordeaux, 2 vues. Quatre pl., in-fol.. par Cochin fils et Le Bas.

Vignettes

133 — Œuvres de J.J. Rousseau, 4 pl., in-4 d'apr. Moreau le jeune. — L'Homme aux 3 Femmes, 6 pl. — Contes moraux, de Marmontel. — Memento Mori, par Shellenberg. — Le Lutrin, de Boileau, etc. Soixante-cinq p' Belles épreuves.

Vinkeles (Renier)

134 — Grand Bal à l'Hôtel-de-Ville d'Amsterdam en 1768. In-fol. Très belle épreuve avant la lettre.

Watteau (d'après L.)

135 — Confédération des Départements du Nord,,... faite à Lille le 14 juillet 1790 par Helman. In-fol. Belle épreuve

Werner (F.B.)

136 — Panorama de Bordeaux. Grande estampe en largeur, publiée par Jérémie Wolff. Très belle épreuve. Rare.

West (d'après B.)

136bis — *Mr West and Family,* par G.S. et J G. Facius, 1779. In-fol. Très belle épreuve, encadrée.

Wheatley (d'après F.)

137 — Indiscrétion, par J.M. Delatre, 1789. Ovale in-fol.
Très belle épreuve.

DESSINS

Bernard (J.)

138 — *Napoleo maximus* (Profil de Napoléon 1er), *Exécuté
en traits de plume, 17 Avril 1806*. Curieux dessin
in-fol. Signé.

Bernard (J.) ?

139 — Mme Roland. A la plume, signé : *J.B. 1793*.

Bibiena (attribué à)

140 — Intérieur de Chapelle monumentale, deux motifs
différents formant un ensemble. Grand dessin à la plume
lavé de bistre.

Boucher (École de)

141 —. Etudes de Femmes nues, couchées. Deux grands
dessins à la sanguine.

Carmontelle (L.C. de)

142 — Jeune Femme lisant. Contre-épreuve d'un joli croquis
à la sanguine.

Cauvet (G.)

143 — Intérieur d'un Salon Louis XV. A la plume, lavé
d'encre de chine, rehauts d'aquarelle. Collection Calendo

Convers (C.P.)

144 — *Vue perspective du Portail projeté pour l'Église
St. Chaumont* (Rus St Denis, à Paris), 1784, Grand et
beau dessin à la plume, lavé d'encre de chine, légèrement
rehaussé d'aquarelle. Signé et daté.

Divers

145 — Sujets et Paysages. Douze dessins par ou attribués à La Rue, Cl. Lorrain, A. Pesne, Aveline et autres.

146 — Sujets. Paysages, Portraits. Dix dessins attribués à J. Falck, Marillier, Canaletti et autres.

École Française (XVIIIᵉ siècle)

147 — Sujets gracieux. — Etudes diverses. Douze dessins, plusieurs à la sanguine ou rehaussés d'aquarelle.

Écoles Flamande et hollandaise

148 — Sujets divers, Marines et Paysages. Dix dessins par ou attribués à Verkolie, Wonder, Wouwermans, Kœckœck et autres.

Faber (J.)

149 — Louis, prince de Condé, petit portrait en médaillon. A la plume, sur parchemin. Signé et daté de 1693.

Fragonard (attribué à H.)

150 — Jeune Fille se regardant dans un miroir tenu par un Amour. A la plume, lavé d'encre de chine.

151 — La Jeune Mère. A la plume, lavé d'encre de chine.

152 — Scène d'intérieur : autour d'une table ou sont réunis plusieurs personnages, une jeune Femme verse à boire à un enfant. In-4. A la plume, lavé d'encre de chine.

153 — Amour découvrant une Femme endormie. A la plume, lavé d'encre de chine.

Greuze (attribué à J.B.)

154 — Paysanne à mi-corps. A la pierre d'Italie sur papier bleu. Collections de Veze, Lambert, etc.

Hédouin (Edmond)

155 — Réunion dans un Parc, composition pour un éventail A la mine de plomb.

156 — Les Amours Guerriers. — La Musique. — Profil de
Femme. Trois jolis croquis.

Klengel

157 — Paysage d'Hiver. Aquarelle gouachée.

Le Moyne (J.B.)

158 — Tê‘es d'études — Etudes de nu et de figure drapée.
Quatre dessins au crayon noir où à la sanguine. Signés.

Lœillot (Karl)

158bis Portrait d'une jeune Femme et de sa Fille, représentées
à mi-jambes dans un jardin. Joli dessin aux crayons
de de couleurs. Signé.

Mettenleiter (J.)

159 — Jeune Femme se défendant contre l'Amour. A la
plume lavé d'encre de chine. Au verso, un autre dessin
sur le même sujet. Signés et datés de 1795.

Miniature du XVIIe sièéle

160 — Allégorie en l'honneur de Louis XIV : *c'est de nôtre
LOVIS l'Eloge et le Mérite....* In-fol., sur vélin,

Orléans (Philippe d'), Régent

161 — Daphnis fait obéir ses chèvres au son de sa flûte. —
Drias trouve Chloé qu'il porte à sa femme. Deux dessins
à la sanguine.

Pérignon (Nicolas)

162 — Paysages 1778. Deux jolis dessins à l'encre de chine,
lavés d'aquarelle. Signés des initiales de l'artiste.

Robert (Hubert)

163 — Intérieur d'un Temple égyptien, Aquarelle in-fol.

Rousseau (Théoeore)

164 — Un Coin de village. Croquis à la mine de plomb
avec reprises à la plume.

165 — Quatre Croquis de Chaumières. A la mine de plomb

166 — Une Passerelle. Croquis à la mine de plomb.

167 — Une rue de Village. Croquis à la mine de plomb,

168 — Marine. Croquis à la mine de plomb.
Tous ces dessins portent le cachet de vente de l'atelier
du maître.

Schalken (attribué à G.)

169 — La Liseuse. Dessin in-fol à la sanguine.

Tintoret

170 — Etude de cinq Personnages. In-4. A la plume. lavé
de bistre. Ancienne collection.

LIVRES

171 — **BAIL** (du). Les Galenteries de la Cour, Paris, R. Denain
1644, 1 vol., in-12, rel., peau.

172 — **CORNEILLE** (Pierre et Thomas) — *Camma*, reine de
Galatie, 1661 et 1690. — *Antiochus*, 1666 — *Stilicon*,
1662 — *Pyrrhus*, 1690 — *Theodat*, 1673 — *Le Galand*
—Œuvres diverses, 1740. Neuf broch.

173 — **D***** (Mlle). Origine des Grâces, *Paris* 1777. In-8.
Très belle exempl. avec les 5 fig. de Cochin fils,
débroché, n. rog. Rare.

174 — **DIVERS** Les Liaisons dangereuses, par C. de L. (tome
Ier) fig., de Monnet et Fragonard — Contes de La Fontaine, *Londres*, 1778 (tome Ier) fig. — Les Saisons (Londres
1782.) — Idylles, par Mr Berquin, fig., de Marillier —
Narcisse dans l'Ile de Vénus, *Paris, Lejay*, fig. d'Eisen
et G. de St. Aubin. — Paul et Virginie, *Paris,* 1789.
Ensemble 6 uol., in-8, in-12 et in-18.

175 — **Gastronomie** (Ouvrages sur la) *Le Vray Cuisi-
nier François*... par De la Varenne. — Le Manuel de
Friandise ou les talents de ma cuisinière Isabeau An V
— Almanach des Gourmands ou Calendrier nutritif, an XI
— Manuel du Cuisinier amateur, 185. — Almanach ma-
nuel de bonne Cuisine, 1865 et 1867. Six vol.

176 — **LARIVEY** (Pierre de) *Les Comedies faciences à
l'imitation des anciens*..*Lyon*, B. Rigaud 1597. In-18
pel., parch. Bel exempl. inter-folié de papier blanc du
temps.

LE BLANC (Ch.) Manuel de l'Amateur d'Estampes. (A à
Laan) 3 vol., in-8, cart.

177 — **LE VACHER DE CHARMOIS**. Recherche sur les Costumes
et sur les Théâtres de toutes les Nations, avec des estampes en couleurs par P. M. Alix. 2 tomes en 1 vol., gr.
in-8, cart. (les pl.. mal emmargées) piqures de vers à
quelques pages.

178 — **LINDOUT** (H. à) *Tractatus Astrologicus seu In-
troductio in physicam judiciariam*.. 1 vol., in-8, rel·
parch. Leipzig, H. Grosi 1617.

179 — **LUCRÈCE** *Titi Lucretti cari de rerum natura
ibri ex.*, Birmingham, Baskerville, 1772, in-4, rel. mar.
r. tr. d.

180 — **MÉZERAY** (Sr de) Abrégé chronologique ou extrait de
l'Histoire de France — Paris, L. Billaine, 1668 — 3 vol.,
in-4, veau. armes du Comte d'Hoyme sur les plats·

181 — **MUSE** (la) *Chrestienne ou Recueil des poësies
Chrestiennes tirées des principaux Poëtes François.
Paris, Gervais Malot.* 1852. 1 vol., in-18, rel., parch.
Rare.

182 — **NATALIE** (Jérôme) *Adnotationes et meditatione
in Evangelia.* (2e édition) — Anvers — Titre (remonté)
et 132 pl., par les frères Wiérix et A. Collært. Exempl.,
incomplet, rel.

183 — **PARNASSE** (le) des plus excellens poetes de ce temps.-
Paris. M. Guillemot 1618. 2 vol., in-18, front., par
L. Gaultier, taches d'humidité.

184 — **PLUTARQUE** Les Vies des Hommes illustres, traduction
d'Amyot. Paris, J.B. Cussac 1783-1787, 22 vol., in-8
avec fig., par Moreau le jeune et Le Barbier, rel., mar. r.
tr.d.

185 — **PRÉCIS** *d'un ouvrage intitulé : Traité moral et philosophique de la Littérature française. Paris, s. d.* (vers 1840). **MANUSCRIT** de 180 p., et accompagné de 10 portraits, dessinés à la sépia (Molière, La Fontaine, Racine Corneille, Voltaire, Mmes de Sévigné, Duboccage, etc.) 1 vol., in-4 rel. mar. vert, dent. or.

186 — **RENVERSEMENT** de la Morale Chretienne par les desordres du Monachisme, enrichi de (26) Figures (attr. à J. Gole). 1 vol. in-8, rel., parch.

187 — **RESTIF DE LA BRETONNE** (N.E.) Les Contemporaines, tomes 11 et 19 — Les Françaises, 4 vol.— Les Parsiennes 2e (double) et 4e vol. — L'Ecole des Pêres, 3 vol. —La Prévention Nationale, 3 vol. En tout quinze vol. broché nombreuses figures de Binet, plusieurs mal conservés Ce n^o pourra être divisé.

188 — **SACY** Le Nouveau Testament en latin et en français, édition ornée de Figures d'après Moreau le jeune. Paris, Saugrain 1793 4 vol., cart. n. rog.

189 — **SOULIÉ** (Frédéric) Si Jeunesse savait, si Vieilesse pouvait *Paris, Ch. Gosselin, 1844* 1 vol., grand in-8, broch., non rog. couv. conservée. (Illustrtions de E. Girard et C. Nanteuil.

190 **SOUVESTRE** (Emile). Le Foyer breton. *Paris, W. Coquebert,* s. d. — 1 vol., in 8, broch. n. rog., couv. conser) vée, piqures (illustrations de Johannot, Penguilly, etc.-

191 — **VAUDEVILLE** *auf das allerliebste, allgemein beliebte und unterhaltende Joujoude Normandie*

   MEXICO, Curieuse et fort rare plaquette de 1792 8 p.. in-12, avec estampe signée *T.... d* (coloriée), cart.

192 **VERHEYDEN** (¹. *Proeslantium aliquot theologorum.... Effigie...* La Haye, 1602 — 1 vol., in-4, vol., parch., avec nombreux portraits gravés, par H. Hondius.

193 **VOLTAIRE** Romans et Contes. *Bouillon* 1778, tomes I et III, avec figures de Monnet et autres, un certain nombre avant les n^os , rel. veau.

194 — Sous ce n^o il sera vendu par lots, des estampes, des dessins et des volumes.

Imp. A, Charles, 26, Rue Rambuteau, Paris

www.ingramcontent.com/pod-product-compliance
Ingram Content Group UK Ltd.
Pitfield, Milton Keynes, MK11 3LW, UK
UKHW031715170726
13836UKWH00001B/249